JUEGOS OLÍMPICOS DE INVIERNO INCREÍBLES



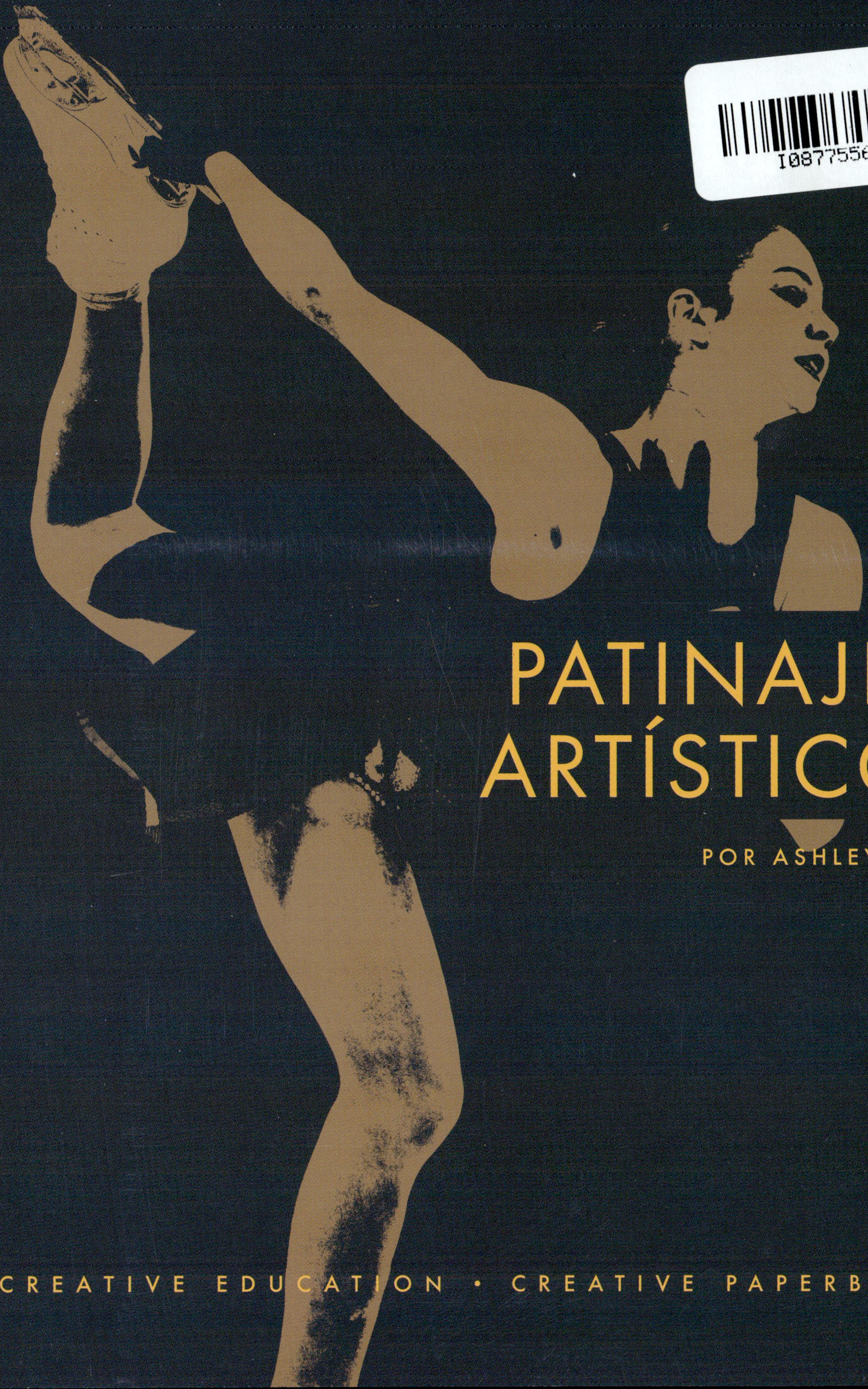

# PATINAJE ARTÍSTICO

POR ASHLEY GISH

CREATIVE EDUCATION • CREATIVE PAPERBACKS

Publicado por Creative Education y Creative Paperbacks
P.O. Box 227, Mankato, Minnesota 56002
Creative Education y Creative Paperbacks
son sellos editoriales de The Creative Company
www.thecreativecompany.us

Diseño de The Design Lab
Producción de Graham Morgan
Dirección artística de Blue Design (www.bluedes.com)

Imágenes de Alamy Stock Photo/PCN Black, 20, Taka Wu, 6, Xinhua, 21; Associated Press/Elaine Thompson, 18; Dreamstime/Franco Ricci, 9; Getty Images/Cui Nan/China News Service, portada, 1, David Ramos, 10, Jean Catuffe, 14, MANAN VATSYAYANA, 17, Matthew Stockman, 23, MCT, 8; iStock/Artur Didyk, 2; Shutterstock/abozzi tonello, 16, Diego Barbieri, 13, Nicholas Piccillo, 11; Wikimedia Commons/Wolfgang Thieme, 5



Library of Congress Cataloging-in-Publication Data
Names: Gish, Ashley, author.
Title: Patinaje artístico / por Ashley Gish.
Other titles: Figure skating. Spanish
Description: Mankato, Minnesota : Creative Education and Creative Paperbacks, [2026] | Series: Juegos Olímpicos de Invierno increíbles | Includes index. | Audience: Ages 6-9 years | Audience: Grades 2-3 | Summary: "Celebrate the Winter Olympic Games with this elementary-level introduction to figure skating, the sport known for its singles, pairs, and ice dancing events. Also included in this North American Spanish translation is a brief biography of medalist Nathan Chen"—Provided by publisher.
Identifiers: LCCN 2024046076 (print) | LCCN 2024046077 (ebook) | ISBN 9798889898917 (lib. bdg.) | ISBN 9781682779316 (paperback) | ISBN 9798889899709 (ebook)
Subjects: LCSH: Skating—Juvenile literature. | Figure skating—Juvenile literature. | Figure skating—Competitions—Juvenile literature. | Winter Olympics—Juvenile literature. | Olympic athletes—Juvenile literature. | Figure skaters—Juvenile literature. | Chen, Nathan, 1999—Juvenile literature.
Classification: LCC GV850.223 .G5718 2026 (print) | LCC GV850.223 (ebook) | DDC 796.91/2—dc23/eng/20241208

Impreso en la India

# Tabla de contenidos

El patinaje artístico se convirtió en parte de los Juegos Olímpicos de Verano en 1908. En 1924, el deporte se trasladó a los Juegos Olímpicos de Invierno. Herma Szabo, de Austria, ganó la medalla de oro en el patinaje femenino en esa edición.

*Los rusos Ludmila Belousova y Oleg Protopopov ganaron dos medallas de oro en la década de 1960.*

More

Los eventos en el patinaje artístico olímpico incluyen individuales masculinos, individuales femeninos, patinaje en parejas y danza sobre hielo. Las parejas de patinaje y danza sobre hielo están compuestas por un hombre y una mujer. Pero hay algunas diferencias entre estos dos eventos.

*Los bailarines sobre hielo deben mantenerse siempre a una distancia de dos largos de brazos el uno del otro durante el patinaje.*

*Los patinadores en parejas deben completar un número mínimo de lanzamientos, como el levantamiento en torsión, en un programa.*

El patinaje en parejas incluye saltos y giros. El hombre puede levantar o lanzar a su pareja al aire. Los bailarines sobre hielo no hacen esto. En su lugar, se enfocan en sus pasos y su **ritmo**.

**ritmo** un patrón de sonidos y movimiento

FIAT
FIAT

*Los protectores de patines son cubiertas de plástico que protegen las cuchillas cuando el patinador está fuera del hielo.*

Los patinadores artísticos usan patines hechos para este deporte. Las cuchillas son más largas y pesadas que las de los patines de hockey. Los patinadores usan los frenos de cada patín para agarrar el hielo mientras se preparan para saltar.

**frenos de los patines** dientes en forma de sierra en la punta del patín de patinaje artístico

Los patinadores a menudo usan trajes brillantes hechos especialmente para ellos. Los cristales se aplican a mano. Algunos patinadores adjuntan un amuleto de buena suerte a su traje. Los patinadores pierden puntos si estas piezas caen sobre el hielo.

*Los trajes de patinaje artístico están hechos de materiales elásticos y livianos.*

TIZEN

Los jueces dan dos conjuntos de puntos. El puntaje técnico se basa en la dificultad del programa del patinador. Esto incluye giros y saltos. El axel es uno de los saltos más difíciles. Un triple axel significa que el patinador gira en el aire tres veces y media antes de aterrizar.

*Los programas de patinaje olímpico se han vuelto más difíciles a lo largo de los años.*

*Yuzuru Hanyu de Japón*

El puntaje del componente del programa es para la creatividad y el estilo. El ganador del evento es el patinador o la pareja con más puntos.

*Los competidores muestran sus sentimientos a través de expresiones faciales y movimientos corporales.*

*Shen y Zhao ganaron el bronce en 2002 y 2006 antes de obtener el oro en 2010.*

Los competidores rusos tienen la **racha ganadora** más larga en el patinaje artístico olímpico. Las parejas rusas de patinaje artístico ganaron el oro cada vez que compitieron desde 1964 hasta 2006. La pareja china formada por Shen Xue y Zhao Hongbo rompió la racha de Rusia en 2010.

**racha ganadora** una serie de victorias que ocurren una tras otra

*Dominar las habilidades de patinaje artístico toma años de práctica.*

Los patinadores se deslizan con gracia sobre el hielo. Completan giros vertiginosos. Se lanzan a saltos asombrosos. Millones de personas ven este deporte popular durante los Juegos Olímpicos de Invierno.

*Los patinadores artísticos son elegantes y atléticos, y hacen que los movimientos difíciles parezcan fáciles.*

*Competidor destacado: Nathan Chen*

Nathan Chen comenzó a patinar a los tres años. A los 18, compitió en los Juegos de 2018 en Pyeongchang, Corea del Sur. Ayudó a Estados Unidos a ganar la medalla de bronce en la competencia por equipos de patinaje artístico. En 2022, Chen regresó a los Juegos Olímpicos en Pekín, China. Esta vez, obtuvo la medalla de oro en el programa individual masculino. Chen también es un estudiante destacado que se graduó de la Universidad de Yale.

# Índice



PATINAJE ARTÍSTICO